重要军工设施保护条例

中国法治出版社

重要军工设施保护条例
ZHONGYAO JUNGONG SHESHI BAOHU TIAOLI

经销/新华书店
印刷/保定市中画美凯印刷有限公司
开本/850 毫米×1168 毫米　32 开　　　　　　　　印张/0.75　字数/9 千
版次/2025 年 6 月第 1 版　　　　　　　　　　　　2025 年 6 月第 1 次印刷

中国法治出版社出版
书号 ISBN 978-7-5216-5390-8　　　　　　　　　　定价：5.00 元

北京市西城区西便门西里甲 16 号西便门办公区
邮政编码：100053　　　　　　　　　　　　传真：010-63141600
网址：http：//www.zgfzs.com　　　　　　　编辑部电话：010-63141673
市场营销部电话：010-63141612　　　　　　印务部电话：010-63141606

(如有印装质量问题，请与本社印务部联系。)

目　　录

中华人民共和国国务院　中华人民共和国
中央军事委员会令（第 808 号）…………（1）
重要军工设施保护条例………………………（2）

中华人民共和国国务院
中华人民共和国中央军事委员会令

第 808 号

现公布《重要军工设施保护条例》，自 2025 年 9 月 15 日起施行。

中央军委主席　习近平　　国务院总理　李强

2025 年 5 月 19 日

重要军工设施保护条例

第一章 总 则

第一条 为了保护重要军工设施的安全，保障重要军工设施的使用效能和军工科研、生产、试验、存储等活动的正常进行，加强国防现代化建设，根据《中华人民共和国国防法》、《中华人民共和国军事设施保护法》等法律，制定本条例。

第二条 本条例所称重要军工设施，是指承担国防科研生产任务的企业事业单位直接用于重要武器装备科研、生产、试验、存储等活动的下列建筑、场所和装置：

（一）科研生产管理机构所在场所，技术研发、制造装配、维修保障场所；

（二）用于试验和测试的场所、装置；

（三）成品库、重大危险物品存储库；

（四）档案库、通信中心、数据中心；

（五）通信、观测、导航台站；

（六）专用港口、码头、机场、铁路专用线、专用铁路、专用公路；

（七）国务院和中央军事委员会规定的其他重要军工设施。

重要军工设施目录由国务院和中央军事委员会规定。

第三条 重要军工设施保护工作坚持中国共产党的领导，坚持总体国家安全观，坚持与国防科技工业体系和布局相适应、与经济社会发展相协调，坚持积极防范、内外兼顾、综合协调，确保重要军工设施安全。

第四条 国务院国防科技工业主管部门对全国的重要军工设施保护实施监督管理，中央军事委员会装备发展部协同履行相关职责。国务院、中央军事委员会其他有关部门按照职责分工做好重要军工设施保护相关工作。

县级以上地方人民政府负责本行政区域内重要军工设施保护相关工作。县级以上地方国防科技工业管理部门及其他有关部门在各自职责范围内做好重要军工设施保护相关工作。

第五条 重要军工设施所在的企业事业单位是重要军工设施管理单位，依照本条例、有关法律法规和国家有关规定承担重要军工设施保护工作，为重要军工设施保护提供人员、资金、物资、技术保障，不断提高重要军工设施保护水平。

第六条 重要军工设施通过划定重要军工设施保护区实施保护。

无法划定重要军工设施保护区的重要军工设施，依照本条例、有关法律法规和国家有关规定采取相应保护措施实施保护。

第七条 中华人民共和国的组织和公民都有保护重要军工设施的义务。

禁止任何组织或者个人破坏、危害重要军工设施。

任何组织或者个人对破坏、危害重要军工设施的行为，都有权检举、控告。

第八条 对在重要军工设施保护工作中做出突出贡献的组织和个人，按照国家有关规定给予表彰和奖励。

第二章 重要军工设施保护区的划定

第九条 重要军工设施保护区的范围按照不超出重要军工设施管理单位使用的土地和海域海岛范围的原则，由重要军工设施管理单位拟制并报当地省级国防科技工业管理部门，省级国防科技工业管理部门会同省级人民政府其他有关部门、当地县级或者设区的市级人民政府、有关军事机关审核后，报省、自治区、直辖市人民政府同意。自同意之日起15日内，省级国防科技工业管理部门应当向国务院国防科技工业主管部门报送重要军工设施保护区范围划定情况。

重要军工设施保护区范围的调整，依照前款规定办理。

第十条 重要军工设施保护区范围的划定或者调整，应当在确保重要军工设施安全保密和使用效能的前提下，与当地经济建设、生态环境保护和文物保护相协调，尽量降低对当地居民生产生活的影响。

因重要军工设施建设需要划定或者调整重要军工设施保护区范围的，应当在重要军工设施建设项目开工建设前完成。但是，经国务院国防科技工业主管部门批准的除外。

第十一条 县级以上地方人民政府按照国家统一规定的样式为重要军工设施保护区设置标志牌。

第三章 重要军工设施的保护措施

第十二条 重要军工设施管理单位应当根据具体

条件，按照划定的重要军工设施保护区范围，为陆地重要军工设施保护区修筑围墙、设置栅栏等障碍物，为水域重要军工设施保护区设置障碍物或者界线标志。

陆地重要军工设施保护区因地形地貌等客观原因无法修筑围墙、设置栅栏等障碍物的，重要军工设施管理单位应当设置保护区周界警示标志并采取技术防护措施。

水域重要军工设施保护区难以设置障碍物或者界线标志的，由有关海事管理机构按照重要军工设施管理单位向其报送的水域重要军工设施保护区范围划定情况，向社会公告水域重要军工设施保护区的位置和边界。海域的重要军工设施保护区应当在海图上标明。

第十三条 陆地重要军工设施保护区应当实行封闭式管理，重要军工设施管理单位应当采取下列安全防护措施：

（一）重要场所的出入口应当设置岗哨，采取电子监控、身份识别、出入控制、车辆拦阻等技术防护措施，对进出的人员、交通工具、物品物资进行安全检查，必要时应当进行危险物品检测；

（二）具有重大危险因素或者对安全防护、电磁防护、保密等有特殊要求的区域或者部位，应当采取电子监控、危险物品检测、预警探测、险情感应处置、防侦察监视等技术防护措施。

水域重要军工设施保护区应当设置岗哨，在保护区边界采取预警探测、入侵报警、拒止反制等安全防护措施。

安全防护措施的具体标准由国务院国防科技工业主管部门规定。

第十四条 未经重要军工设施管理单位同意，禁止重要军工设施管理单位以外的人员、车辆、船舶等进入重要军工设施保护区，禁止对重要军工设施保护区进行摄影、摄像、录音、描绘和记述。确需对重要军工设施保护区进行勘察、测量、定位的，应当经当地省级国防科技工业管理部门同意。

重要军工设施管理单位以外的单位或者个人使用重要军工设施保护区的摄影、摄像、录音、描绘、记述、勘察、测量、定位资料，应当经当地省级国防科技工业管理部门同意。

航空器在重要军工设施保护区上空飞行，应当依照国家有关规定获得批准，并按照批准的飞行计划实施。

禁止毁坏或者移动重要军工设施保护区的围墙、障碍物、界线标志、警示标志、技术防护设备。

第十五条　在重要军工设施保护区内，禁止建造、设置危害重要军工设施安全和使用效能的设施。

禁止开发利用陆地重要军工设施保护区地下空间，法律、行政法规另有规定或者经国务院国防科技工业主管部门和省、自治区、直辖市人民政府同意的除外。

第十六条　在重要军工设施保护区内采取的防护措施不足以保证重要军工设施安全保密和使用效能，或者重要军工设施保护区内的重要军工设施具有重大危险因素的，省、自治区、直辖市人民政府根据重要军工设施性质、地形和当地经济建设、社会发展情况，可以在重要军工设施保护区外围划定安全控制范围，并在其外沿设置安全警戒标志。

安全警戒标志由县级以上地方人民政府按照国家统一规定的样式设置，地点由省级国防科技工业管理部门、当地县级或者设区的市级人民政府共同确定。

水域重要军工设施保护区外围安全控制范围难以在实际水域设置安全警戒标志的，依照本条例第十二条第三款的规定执行。

第十七条　划定重要军工设施保护区外围安全控制范围，不改变原土地及土地附着物、水域的所有权。在重要军工设施保护区外围安全控制范围内，当地居民可以照常生产生活,但是不得进行爆破、射击以及其他危害重要军工设施安全和使用效能的活动。

因划定重要军工设施保护区外围安全控制范围影响不动产所有权人或者用益物权人行使权利的,依照有关法律法规的规定予以补偿。

第十八条 作为重要军工设施的机场的净空保护区域参照军用机场净空保护标准划定。

在机场净空保护区域内,禁止修建超出机场净空保护标准的建筑物、构筑物或者其他设施,不得从事影响飞行安全和机场助航设施使用效能的活动。

机场管理单位应当定期检查机场净空保护情况,发现修建的建筑物、构筑物或者其他设施超过机场净空保护标准的,应当及时向国防科技工业管理部门及其他有关部门报告。有关部门应当依法及时处理。

地方人民政府应当制定保护措施,督促有关单位对机场净空保护区域内的高大建筑物、构筑物或者其他设施设置飞行障碍标志。

在作为重要军工设施的机场及周边一定范围的区域实施飞行活动,应当遵守国家有关规定。

第十九条 作为重要军工设施的无线电固定设施、电磁试验设施,在其电磁环境保护范围内,禁止建造、设置影响无线电固定设施、电磁试验设施使用效能的设备和电磁障碍物体，不得从事影响无线电固定设施、电磁试验设施电磁环境的活动。

作为重要军工设施的无线电固定设施、电磁试验设施，其电磁环境的保护范围及保护措施，由军地无线电管理机构按照国家无线电管理有关规定和标准共同确定。使用无线电固定设施、电磁试验设施等应当遵守国家无线电管理有关规定。

第二十条 利用重要军工设施开展重大科研、生产、试验活动，因安全、保密原因确有必要对周边特定区域进行临时管控，在特定时间内禁止人员、车辆、船舶、航空器进入或者禁止开展有关活动的，重要军工设施管理单位应当在活动开始15个工作日前向当地县级人民政府提出管控申请；涉及其他单位管理职权的，依法向其提出管控申请。管控申请经依法批准后，由有关单位、当地县级人民政府在活动开始前以适当方式向社会公布，并组织实施管控活动。

第二十一条 无法划定重要军工设施保护区的铁路专用线、专用铁路，在线路两侧按照《铁路安全管理条例》的规定划定铁路线路安全保护区予以保护并公告。

铁路专用线、专用铁路管理单位应当设置与铁路安全需求相适应的安全防护设施，加强对铁路的管理和保护。

第二十二条 无法划定重要军工设施保护区的专用公路不得擅自占用、挖掘。因工程建设需要占用、挖掘、跨越、穿越专用公路或者使用专用公路用地的，建设单位应当事先征得当地省级国防科技工业管理部门的同意。

禁止在专用公路及其用地范围内堆放物品、设置障碍、利用公路边沟排放污物或者进行其他影响安全畅通的活动，禁止在专用公路两侧从事危害公路安全和使用效能的爆破、挖砂、采石等活动。

专用公路管理单位应当设置专用公路标志，加强公路养护，保证公路路面平整，路肩、边坡平顺，有关设施完好。

第四章 重要军工设施管理单位的责任义务

第二十三条 重要军工设施管理单位应当建立健全本单位重要军工设施保护制度和保护责任制，完善考核机制，确保重要军工设施安全保密和使用效能。

第二十四条　重要军工设施管理单位应当对重要军工设施建设、使用、维护等全过程实施安全管理。重要军工设施安全防护措施应当与重要军工设施同步规划、同步建设、同步使用。

第二十五条　重要军工设施管理单位应当定期对本单位人员开展培训，教育本单位人员爱护重要军工设施，落实重要军工设施安全保护要求，保守关于重要军工设施的国家秘密。

第二十六条　重要军工设施管理单位应当建立重要军工设施档案，定期对重要军工设施进行检查、维护，根据需要升级完善安全防护措施。

第二十七条　重要军工设施管理单位应当制定本单位重要军工设施保护应急预案，定期开展应急演练。

重要军工设施管理单位应当定期组织开展重要军工设施安全保护风险评估，及时发现和消除安全隐患。

第二十八条　重要军工设施管理单位属于治安保卫重点单位的，应当设置与本单位治安保卫任务相适应的治安保卫机构，配备专职治安保卫人员，将重要军工设施确定为本单位的治安保卫重要部位并实施重点保护。

重要军工设施管理单位属于反间谍安全防范重点

单位的，应当履行反间谍安全防范工作要求，明确内设职能部门和人员承担反间谍安全防范职责。

重要军工设施管理单位应当落实网络安全和数据安全保护责任，依照有关规定加强重要军工设施网络安全和数据安全管理、防护。重要军工设施涉及关键信息基础设施的，重要军工设施管理单位应当依照有关规定做好相关安全保护工作。

重要军工设施属于人民防空工作中需要重点防护的目标、防范恐怖袭击的重点目标的，重要军工设施管理单位应当依照有关规定履行防护义务。

第二十九条　重要军工设施管理单位以外的单位使用重要军工设施的，重要军工设施管理单位应当明确使用单位的安全保护责任，指导监督其落实安全保护措施。

第三十条　重要军工设施管理单位对违反本条例规定、危害重要军工设施安全和使用效能的行为应当予以制止，及时向有关部门报告，并配合依法处理。

第三十一条　重要军工设施管理单位应当了解掌握重要军工设施周边社会环境情况，发现可能危害重要军工设施安全和使用效能的，应当及时向当地省级国防科技工业管理部门及其他有关部门报告，并配合依法处理。

第三十二条 重要军工设施管理单位应当依照有关法律法规的规定，保护重要军工设施保护区内的生态环境、自然资源和文物。

第五章 保障和监督

第三十三条 县级以上地方人民政府应当制定重要军工设施保护的具体方案，可以公告施行。

划定重要军工设施保护区的重要军工设施保护的具体方案，应当随重要军工设施保护区范围划定方案一并报批。

第三十四条 县级以上地方人民政府编制国民经济和社会发展规划，国务院有关部门、地方人民政府编制国土空间规划等规划，应当统筹重要军工设施保护的需要，充分听取国防科技工业管理部门的意见。

县级以上地方人民政府安排可能影响重要军工设施保护的建设项目，应当充分听取国防科技工业管理部门的意见。必要时，可以由地方人民政府会同有关方面对建设项目进行评估。涉及国家安全事项的建设项目许可，依法由国家安全机关实施。

国务院有关部门或者县级以上地方人民政府有关部门审批本条第二款规定的建设项目，应当审查征求国防科技工业管理部门意见的情况；对未按规定征求国防科技工业管理部门意见的，应当要求补充征求意见；建设项目内容在审批过程中发生的改变可能影响重要军工设施保护的，应当再次征求国防科技工业管理部门的意见。

国防科技工业管理部门应当自收到征求意见函之日起 30 日内提出书面答复意见；需要请示上级机关或者需要勘察、测量、测试的，可以适当延长，但答复时间通常不得超过 90 日。

第三十五条　组织重要军工设施项目建设，应当综合考虑国防建设、地方经济建设、生态环境保护和社会发展的需要，符合国土空间规划等规划的要求，依法征求有关单位意见，进行安全保密环境评估和环境影响评价。

重要军工设施具有爆炸、放射性、剧毒等重大危险因素的，在选址时应当按照国家有关标准要求与其他场所、设施、区域保持必要的外部安全距离。

第三十六条　县级以上地方人民政府安排建设项目或者开发旅游景区，应当避开重要军工设施。

确实不能避开，需要将重要军工设施拆除、迁建或者改建的，按规定报原批准或者备案机关履行相关程序后，由提出需求的地方人民政府依照有关规定给予补偿或者政策支持。将重要军工设施迁建、改建涉及用地用海用岛的，应当依法及时办理相关手续。

第三十七条　各级人民政府应当加强国防和重要军工设施保护教育，使全体公民增强国防观念，保护重要军工设施，保守关于重要军工设施的国家秘密，制止破坏、危害重要军工设施的行为。

第三十八条　国务院国防科技工业主管部门应当建立重要军工设施风险管控机制，制定监督检查计划，会同有关部门开展监督检查，及时处理发现的风险隐患。

第三十九条　县级以上地方人民政府应当对重要军工设施周边的安全保密隐患开展综合治理，督促限期整改影响重要军工设施保护的隐患和问题，完善重要军工设施保护方案。

第四十条　重要军工设施管理单位的上级企业事业单位应当督促指导重要军工设施管理单位开展重要军工设施保护工作，并提供必要的支持。

第六章 法律责任

第四十一条 有下列行为之一，构成违反治安管理行为的，由公安机关依法给予治安管理处罚；构成间谍行为，尚不构成犯罪的，由国家安全机关依法处罚；构成犯罪的，依法追究刑事责任：

（一）擅自进入重要军工设施保护区的；

（二）在重要军工设施保护区外围安全控制范围内进行危害重要军工设施安全和使用效能的活动的；

（三）在作为重要军工设施的机场的净空保护区域内，进行影响飞行安全和机场助航设施使用效能的活动的；

（四）对重要军工设施保护区非法进行摄影、摄像、录音、描绘、记述、勘察、测量、定位，或者非法使用重要军工设施保护区的摄影、摄像、录音、描绘、记述、勘察、测量、定位资料的；

（五）毁坏或者移动重要军工设施保护区的围墙、障碍物、界线标志、警示标志、技术防护设备以及重要军工设施保护区标志牌、重要军工设施保护区外围安全控制范围安全警戒标志及其他重要军工设施标志的；

（六）违反国家规定，故意干扰重要军工无线电设施正常工作的，或者对重要军工无线电设施产生有害干扰，拒不按照有关主管部门的要求改正的；

（七）违反利用重要军工设施开展科研、生产、试验活动时的管控措施的；

（八）其他扰乱重要军工设施保护区的科研生产秩序和危害重要军工设施安全的行为。

第四十二条　违反本条例规定，在重要军工设施保护区内建造、设置危害重要军工设施安全和使用效能的设施，或者擅自开发利用陆地重要军工设施保护区地下空间的，由自然资源、住房城乡建设、渔业渔政等主管部门按照各自职责责令停止兴建活动，对已建成的责令限期拆除，依法处以罚款。

第四十三条　违反本条例规定，在作为重要军工设施的机场的净空保护区域内修建超出机场净空保护标准的建筑物、构筑物或者其他设施的，由自然资源、住房城乡建设主管部门按照各自职责责令停止兴建活动、限期拆除超高部分，依法处以罚款。

第四十四条　未经批准或者未按照批准的飞行计划在重要军工设施保护区上空实施飞行活动的，依照有关法律、行政法规进行处罚。

第四十五条 违反本条例规定，在重要军工设施电磁环境保护范围内建造、设置影响无线电固定设施、电磁试验设施使用效能的设备和电磁障碍物体，或者从事影响无线电固定设施、电磁试验设施电磁环境活动的，由自然资源主管部门、无线电管理机构等单位按照各自职责给予警告，责令限期改正；逾期不改正的，查封干扰设备或者强制拆除障碍物，依法处以罚款。

第四十六条 违反本条例规定，破坏、危害铁路专用线、专用铁路的，依照有关法律、行政法规进行处罚。

第四十七条 违反本条例规定，擅自占用、挖掘专用公路，或者在专用公路两侧从事危害公路安全和使用效能的爆破、挖砂、采石等活动的，由交通运输主管部门责令停止违法行为，可以处3万元以下的罚款。

违反本条例规定，在专用公路及其用地范围内堆放物品、设置障碍、利用公路边沟排放污物或者进行其他影响安全畅通的活动，造成公路路面损坏、污染或者影响公路畅通的，由交通运输主管部门责令停止违法行为，可以处5000元以下的罚款。

第四十八条 重要军工设施管理单位违反本条例

规定，未实施保护措施、履行保护责任的，国防科技工业管理部门可以采取约谈、责令限期改正等措施，根据情节给予警告、通报批评；造成不良后果或者影响的，对负有责任的领导人员和直接责任人员依法给予处分。

第四十九条 公职人员在重要军工设施保护工作中有玩忽职守、滥用职权、徇私舞弊等行为的，依法给予处分。

第五十条 违反本条例规定，造成重要军工设施损失的，依法承担赔偿责任；构成犯罪的，依法追究刑事责任。

第七章 附　则

第五十一条 本条例自2025年9月15日起施行。